AF358994

eutenant **DE FRÉDY**

Le 1er Chasseurs

EN 1807

Conférence du 25 Avril 1901

CHATEAUDUN

IMPRIMERIE DE LA SOCIÉTÉ TYPOGRAPHIQUE

—

1901

LE

Iᵉʳ CHASSEURS

EN 1807

A mon Colonel.

A ceux qui m'ont appris à servir mon Pays.

LE 1er CHASSEURS

En 1807

D'après les documents de la section historique du Ministère de la Guerre.

> « Qui n'a chargé à la tête d'un
> beau régiment dont il vient d'être
> nommé colonel et auquel il brûle de
> se faire connaître, n'a jamais eu de
> bonheur au cœur. »
>
> Col^{el} COLBERT, C^t le 20e Chasseurs.

I

Le choix d'une étude militaire est toujours
difficile. Certains critiques reprochent à l'auteur de suivre des sentiers battus depuis long-
temps, d'autres de s'égarer dans la descrip-

tion parfois aride d'une bataille mémorable. Et, de fait, qui de nous n'a carressé plus d'une fois le rêve de courir à Austerlitz ou à Wagram, espérant y retrouver, avec le soleil de décembre ou de juillet, une foule de souvenirs historiques destinés à enrichir notre immortelle épopée !

Cependant, si l'idée est belle et généreuse, l'exécution présente des difficultés. Ces sortes de sujets, écrits et recopiés avec d'insensibles variantes, font pour ainsi dire partie du domaine classique. A l'heure actuelle, les manœuvres de Marengo sont aussi connues dans l'armée que les écoles d'escadron ou de régiment ; d'ailleurs, n'est-ce pas le plus complet, le plus merveilleux des règlements de cavalerie ! Et puis, nous sommes un peu de l'avis du poète :

Pour chanter un Auguste, il faut être un Virgile.

Detaille seul pouvait peindre *Le Rêve*. Modérons nos ambitions. Il y a, dans les bas-fonds des vallées, suivant le fil de l'eau, de ravissants martins-pêcheurs, dont les couleurs azurées font penser au bleu du firmament. Leur vue ne nous charme-t-elle pas plus que celle du condor qui domine,

« ...... les ailes toutes grandes, »

les cîmes neigeuses des Pyrénées ?

C'est en nous inspirant de ces idées que, glanant quelques épis au milieu du champ de gloires du 1ᵉʳ Chasseurs, nous présentons le rôle de ce régiment dans la campagne de 1807, rôle de reconnaissance et d'exploration que, sous la haute direction de Davout, les Marulaz, les Excelmans et les Méda devaient remplir avec succès. Grâce à la complaisance si connue du Secrétaire des Archives de la Guerre, nous avons pu extraire des papiers de l'époque des détails intéressants sur la belle conduite du 1ᵉʳ régiment de Chasseurs. Puisse l'exposé que nous allons faire augmenter notre admiration bien légitime pour nos illustres aïeux, qui, selon le mot du général Susane, « par leur entrain et leur audace, leur allure leste, entreprenante et soudaine, déconcertèrent les méthodiques généraux de l'Allemagne et nous assurèrent les avantages de l'offensive jusqu'au bout, du moins jusqu'à la grande folie de 1812. »

II

Le 3ᵉ corps de la Grande Armée comprenait, à la fin de 1806, trois divisions d'infanterie et trois régiments de chasseurs, les 1ᵉʳ, 2ᵉ et 12ᵉ. Les immortels divisionnaires de Davout, Gudin, Friand, Morand, précédés de la brigade de cavalerie du général Marulaz, venaient de quitter les plaines d'Auerstaedt, et, après avoir, comme un torrent impétueux, détruit tous les obstacles, se dirigeaient vers la Pologne. Si l'armée prussienne était en partie anéantie, les troupes russes, trop éloignées, n'avaient pas eu le temps d'engager une action sérieuse. L'Empereur résolut d'aller les chercher jusqu'à la Vistule : les lauriers d'Austerlitz s'appelleront bientôt les lauriers de Friedland. Qu'importe ? puisque les belligérants se connaissent de longue date et que l'étoile de Napoléon brille de son plus vif éclat.

Le 1er Chasseurs, fort de 420 hommes, est alors commandé par le colonel Excelmans. Né à Bar-le-Duc en 1775, Excelmans s'engagea sous la Révolution. D'abord fantassin, puis artilleur, il devint capitaine au 16e dragons le 13 avril 1799. Peu de temps après Marengo, nous le retrouvons au 15e Chasseurs, sous les ordres de Murat, dont il devient bientôt l'aide de camp. Nommé chef d'escadrons en 1803, il est, après Austerlitz, promu au grade de colonel du 1er Chasseurs, dans le corps d'armée de Davout. Malgré son jeune âge, — il n'a encore que trente ans, — il va, pendant les premiers mois de 1807, éclairer, avec son régiment, la route de la Grande Armée, lancer des reconnaissances habilement conduites, jeter la panique au milieu des troupes ennemies. Cette campagne contribua d'ailleurs à son avancement, puisque, la même année, un décret de l'Empereur le nomme général de brigade. L'ancien colonel et l'ancien régiment auront encore la bonne fortune de se retrouver ensemble, après des jours de deuil, et de

remporter, à Ville-d'Avray et à Rocquin-
court, la dernière victoire de l'épopée impé-
riale (1).

Le 4 novembre, au soir, le 1er Chasseurs
arrivait à Posen, suivi bientôt de deux autres
régiments de la brigade Marulaz. L'accueil
que lui firent les habitants du pays fut enthou-
siaste; les infortunés Polonais pouvaient croire,
et avec raison, ce semble, que le soleil de la
délivrance allait enfin luire pour eux, et qu'ils
allaient échapper au joug des Russes. On le
leur promettait de tous côtés et l'Empereur
lui-même le leur fera espérer plus d'une fois ;
mais toutes ces promesses resteront vaines,
et, comme le Marowsko de Guy de Maupassant (2), ils pourront bientôt nous jeter à la
figure cette dure apostrophe : « Vous autres
Français, vous ne savez pas tenir vos engagements ! » Rendant compte de l'entrée triomphale du régiment dans Posen, le maréchal

(1) On sait que le maréchal Excelmans — ô ironie des
choses humaines ! — mourut d'une chute de cheval en
1852. Sa ville natale lui a élevé une statue il y a peu
d'années.

(2) *Pierre et Jean*, de G. de Maupassant.

Davout écrivait au grand duc de Berg : « Les rues étaient tellement pleines de monde, qu'à peine les Français pouvaient les traverser (1). »

Cependant, les reconnaissances et les rapports d'espions s'accordant à dire qu'il n'y avait aucun ennemi jusqu'à Varsovie et que les Russes se portaient sur la rive droite de la Vistule, le commandant du 3ᵉ corps quittait Posen le 14 novembre, précédé de la cavalerie Marulaz, et s'engageait sur la route de Varsovie.

Le colonel Excelmans détachait en même temps sur sa droite l'escadron du capitaine Tavernier. Ce dernier trouvait à Lowicz un détachement de 5 à 600 Cosaques : un grand nombre furent faits prisonniers, mais nous eûmes, dans cette affaire, deux officiers et dix-sept chasseurs blessés. Dans un rapport à Berthier, Davout cite, parmi les blessés, M. Simoneau, « officier très brave », et adresse les plus vifs éloges au capitaine Tavernier (2). A la même date, un autre parti du régiment

(1) Lettre de Davout à Berthier, 5 nov. 1806.
(2) *Id.*, 23 nov. 1806.

remontait la Vistule jusqu'à Plock, et, intimidant l'ennemi, empêchait le débarquement de 200 fantassins russes qui voulaient traverser le fleuve.

Couvrant en avant et à gauche la marche du 3ᵉ corps sur Varsovie, où il arrivait le 30 novembre, le 1ᵉʳ Chasseurs était envoyé vers les ponts de Plock (1).

Devant l'arrivée des têtes de colonnes françaises, les Russes avaient évacué la capitale de la Pologne, se répandant dans le faubourg de Praga et sur la rive droite de la Vistule. Cependant, dans la nuit du 1ᵉʳ décembre, une panique indescriptible éclata dans leur camp : un maréchal-des-logis du 1ᵉʳ Chasseurs, suivi de quelques cavaliers, traversait la Vistule en bateau, débarquait en face de l'embouchure du Bug et y surprenait un grand bac qu'il ramenait sur la rive gauche du fleuve. Se voyant serrés de tous côtés, les Russes ne tardèrent pas à évacuer Praga et à se replier derrière le Bug (2).

(1) Lettre de Davout à Berthier, 26 nov. 1806.
(2) *Id.*, 30 nov. 1806.

La campagne, on le voit, commençait sous les plus heureux auspices, et le 1er Chasseurs avait la gloire de montrer le chemin à la Grande Armée, en franchissant le premier la frontière de Pologne, comme six mois après, celle de Russie. On admirera encore plus cette marche rapide et triomphale, lorsqu'on saura que toute la région de Varsovie n'est, à cette époque de l'année, qu'un cloaque marécageux, où le fantassin marche avec peine, où le cavalier reste embourbé et n'avance qu'au prix des plus grands efforts. Et puis, il faut bien le dire, car l'histoire est avant tout un enseignement, — le service des subsistances est très mal fait. Davout, dans une lettre qu'il adresse le 17 décembre à Berthier, réclame pour la troisième fois de l'eau-de-vie pour ses troupes et ajoute mélancoliquement : « Aucune de mes demandes n'a obtenu de succès ». Il est à croire que celle-ci n'en obtint pas davantage, puisqu'il écrit encore le 12 janvier : « La subsistance des hommes et des chevaux présente la plus grande difficulté ». Cette fois, ce ne sont plus seulement les hommes qui ne trouvent pas à se nourrir, ce sont aussi les chevaux (1). Pendant toute la campagne, nous entendrons les même plaintes : malgré cela, le moral de l'armée restera excellent et nos braves troupiers plaisanteront le soir, au bivouac, au milieu des marais de Golymin ou de Soldau, sur la grosseur et la qualité des pommes de terre qu'on leur distribue (2).

Si l'on jette les yeux sur une carte, on s'aperçoit bien vite que la ligne du Bug et de ses affluents constitue pour l'ennemi une excellente ligne de retraite. Aussi la traversée du Bug et de l'Ukra arrête-t-elle plusieurs jours l'armée française. Cependant, dès le milieu de décembre, Davout donnait l'ordre au 1er Chasseurs de franchir ces deux cours d'eau à Utrata (3) : lui-même se tenait un peu en arrière et à droite, à Jablova, près de Var-

---

(1) La ferrure des chevaux même devint bientôt impossible à rétablir, les matières premières manquant partout et les forges n'existant plus ; « les enclumes sont enlevées et les soufflets détruits ». (Lettre de Davout à Berthier, 12 janvier 1807). C'est ce qui explique la grande quantité de chevaux qu'on dut abandonner pendant la campagne.

(2) Souvenirs de Parquin.

(3) Lettre de Davout à Berthier, 11 déc. 1806.

sovie, de façon à pouvoir, en cas de besoin, prêter main forte à sa cavalerie légère. A peine celle-ci a-t-elle débarqué sur la rive gauche de l'Ukra qu'elle aperçoit toute la plaine qui s'étend de cette rivière à la Narew noire de baïonnettes russes. Son rôle devenant inutile pour l'instant, Excelmans se dérobe à gauche pour laisser la place libre à l'infanterie française. Le choc a lieu tout près de là, sur la rive droite du Bug, à Czarnowo. Une charge brillante du 1er Chasseurs amena la retraite des Russes, retraite qui serait devenue une déroute sans les marais et l'obscurité de la nuit.

Mais, au même moment, le commandant du 3e corps apprend que deux colonnes ennemies ont été vues, l'une vers Golymin, l'autre vers Pultusk ; sur-le-champ il donne l'ordre à la 1re et à la 2e division de se porter sur Golymin. Les 1er et 2e Chasseurs, sous les ordres du général Marulaz, formant l'avant-garde de la 1re division, se mettent en marche à la pointe du jour. Quant à la 3e division, elle était dirigée sur Pultusk où elle devait se joindre au 5e corps, commandé par le maréchal Lannes. Son avant-garde était sous les ordres du général Daultanne, qui avait avec lui 70 hommes du 1ᵉʳ Chasseurs commandés par le capitaine Hulot : cette avant-garde fut d'un grand secours au commandant du 5ᵉ corps qui déjà, depuis plusieurs heures, était aux prises avec l'ennemi devant Pultusk. Grâce aux renforts qui lui arrivaient de l'ouest, Lannes pénétrait dans la ville.

Quant aux deux autres divisions de Davout, elles avaient subi victorieusement, bien que très inférieures en nombre (1) le choc des troupes russes à Golymin. Le général Marulaz avait profité de la retraite de Buxhœvden pour lui enlever 26 canons, 80 caissons et 200 voitures pleines d'approvisionnements et de munitions.

Ce combat fut, au dire des historiens du temps, un des plus acharnés de la campagne. Dans son rapport au maréchal Berthier, Davout rend un hommage bien justifié à sa cavalerie légère : « Le général Marulaz,

______

(1) L'infanterie russe était dix fois plus forte que la nôtre.

dit-il, ainsi que ses Chasseurs, se sont conduits en braves » (1).

L'inspiration de Davout avait été suivie d'un succès complet ; mais, n'est-il pas permis de se demander ce qui serait arrivé si, la 3ᵉ division débouchant devant Pultusk six heures plus tôt, avait été obligée de soutenir à elle seule le choc d'un ennemi considérable en nombre et bien appuyé. Et, admettant cette hypothèse vraisemblable, à quel désastre ne s'exposait pas le corps de Davout, si, par suite d'un ralentissement de marche du 5ᵉ Corps, ralentissement bien naturel quand on a des rivières à franchir en pays ennemi, les Russes, refoulant cette division et la rejetant sur la Narew, l'isolaient définitivement des 1ʳᵉ et 2ᵉ divisions qui auraient eu à faire face à la fois aux troupes de Golymin et à celles de Pultusk.

A la suite de ces deux combats, l'ennemi s'était retiré de l'autre côté de la Narew. L'Empereur va profiter de ce mouvement de

(1) Les détails relatifs aux combats de Golymin et de Pultusk sont empruntés au rapport de Davout sur les opérations du 3ᵉ Corps.

retraite pour suspendre pendant la fin de janvier les marches pénibles où hommes et chevaux avaient beaucoup à souffrir. Il donna l'ordre à l'armée d'étendre ses cantonnements en avant de Varsovie. Quant à la cavalerie légère du 3e Corps, Davout l'avait envoyée en avant occuper Ostrolenka : elle s'étendait sur la ligne Ostrolenka ; les 2e et 12e Chasseurs, avec Marulaz, à Ostrolenka, le 1er à Ostrow. Le 3e corps avait pour point d'appui Pultusk et occupait une partie de la presqu'île entre le Bug et la Narew (1).

Cependant, si le gros de l'armée pouvait se reposer en toute sécurité, il n'en était pas de même de la cavalerie Marulaz. Harcelée sans cesse par les Cosaques, elle était obligée de faire nuit et jour des sorties fréquentes et souvent meurtrières. Pour la renforcer, l'Empereur donna l'ordre d'adjoindre un peloton d'infanterie à chaque détachement de cavalerie. Ce système fut suivi des plus heureux résultats.

Le 21 janvier, 50 cavaliers du 2e escadron

(1) Rapport de Davout sur les opérations du 3e corps.

du 1ᵉʳ Chasseurs et autant du 2ᵉ furent attaqués la nuit entre Sniadow et Szumowo par
un groupe de Cosaques. Le commandant
du détachement du 2ᵉ Chasseurs « perdit
la tête » et eut de 15 à 20 hommes tués :
deux officiers du 1ᵉʳ Chasseurs furent blessés,
nous perdîmes quelques hommes et beaucoup
de chevaux. Ce fut le seul succès que l'ennemi
remporta sur ces deux régiments pendant toute
la campagne (1). Trois jours après, un détachement du 1ᵉʳ Chasseurs, renforcé d'une
compagnie du 13ᵉ d'infanterie légère, était
attaqué à Surepankowo, à 2 heures du matin,
par 200 Cosaques ; les Chasseurs, après avoir
enfermé leurs chevaux dans une grange, se
réunirent à l'infanterie, et l'ennemi, sous le feu
de nos carabines, dut battre en retraite (2).

(1) Lettre de Davout à Berthier, 23 janvier.

(2) Historique du 1ᵉʳ régiment de Chasseurs, par le
capitaine Desmontiers-Mérinville. Dans l'affaire de Szumowo, le capitaine Desmontiers dit que le 1ᵉʳ Chasseurs
perdit 29 cavaliers. Nous croyons qu'il y a erreur, et, à
l'appui de notre dire, nous citerons ce passage d'une
lettre que Davout adressait à Berthier le 23 janvier : « Le
commandant du détachement du 2ᵉ Chasseurs a perdu
15 ou 20 hommes : la perte du 1ᵉʳ est moins considérable. »

Les belles œuvres offrent ceci de particulier, c'est d'être d'autant plus belles qu'on les regarde de loin ; au contraire des faits ordinaires de la vie, elles semblent s'agrandir en raison directe du temps. Les années, les siècles, sont pour ainsi dire un immense stéréoscope qui augmente l'étendue des choses et leur donne un relief inconnu. Faisons, avec le 1er Chasseurs, une courte halte dans ces plaines de Sniadow et jetons sur ces deux mois de campagne un regard plein d'admiration.

Davout qui, plus que l'Empereur lui-même, a contribué à écraser, le 14 octobre, l'armée prussienne, reçoit l'ordre de poursuivre les Russes. Précédé de la brigade Marulaz, il court de Posen à Varsovie, envahissant cette Pologne, où, sous Louis XV, apparaissaient pour la première fois les troupes légères de Fischer qui firent merveille dans les Guerres de succession de Pologne et d'Autriche, ce qui donna l'idée à la France de créer un corps de 400 chasseurs. Et, marchant presque toujours en tête de la brigade, le 1er Chasseurs, fier de son rôle et le remplissant avec gloire, surprend les Cosaques aux bords de la Vistule, du Bug, de la Narew, sème la panique au milieu des troupes russes, et, sentinelle avancée et vigilante, tient en respect l'armée ennemie, pendant que la Grande Armée se repose sous les murs de Varsovie.

III

A la fin de janvier, un frisson de guerre se répandant à travers les camps réveille les armées endormies. Les reconnaissances, plus fréquentes, rapportent des renseignements que corroborent les rapports des espions et des prisonniers. Les Russes viennent de projeter un grand mouvement tournant : ils vont d'abord remonter au nord, puis se jeter vers la Vistule et tomber sur la gauche française. Il n'y a aucun doute à cet égard. Le 31 janvier, à quatre heures du soir, le commandant du 3ᵉ Corps informe le maréchal Berthier que, d'après des renseignements certains, plusieurs régiments d'infanterie russe ont été vus marchant sur Ortelsburg, « du moins ils étaient

sur cette route et dans cette direction » (1).
D'autres ont été vus marchant sur Klein-
Jerutken. Mais, pour Davout, ce grand mouvement tournant ne réussira pas, et l'ennemi,
écrit-il au général Beker, sous les ordres
duquel est maintenant placée la brigade
Marulaz, « recevra une forte leçon pour ses
fausses manœuvres » (2).

Peut-être est-ce la forfanterie ou l'assurance
de vaincre qui fait ainsi parler le vainqueur
d'Auerstaedt. Pourtant, à tout bien considérer,
il fallait que l'armée russe sortît de l'inaction
où elle se trouvait : la diminution considérable de ses effectifs, cette retraite de Posen
à Ostrolenka qui ressemblait fort à une déroute,
la mauvaise saison, le manque d'approvisionnements, l'auraient bientôt forcée soit à mettre
bas les armes, soit à accepter une bataille
où elle eût été anéantie. Dans une lettre
datée du 28 janvier, le lieutenant de Péters-
dorf, commandant les avant-postes ennemis
aux environs de Naugarten, écrivait à son

(1) Lettre de Davout à l'Empereur, 31 janvier, 4 h. soir.
(2) Lettre de Davout au général Beker, 28 janvier.

frère : « La guerre ne laisse pas d'entraîner des malheurs : aux environs de Soldau, ils se passaient quinze jours avant que de pouvoir enterrer les morts (1) qui avaient restés sur le champ de bataille et les canons étaient restés enfoncés dans les marais. L'Empereur Napoléon prétend avoir trouvé un autre élément, savoir la boue... » Et la suite de la lettre est sur le même ton. Il ne restait donc aux Russes que deux partis à prendre : ou celui auquel ils se sont arrêtés, mais qui demandait le secret et la rapidité, ou celui qu'ils adopteront cinq ans plus tard et que l'Empereur lui-même ne put déjouer.

Le 1er février, pendant que le 3e Corps marchait sur Passenheim, c'est-à-dire vers le nord, la brigade Marulaz, renforcée de deux régiments d'infanterie, quittait Ostrolenka et, le soir même, occupait Frédérichshof. Mais, comme le général Marulaz ignorait ou à peu près les positions de l'ennemi, il envoyait à la même date de fortes reconnaissances du 2e

----

(1) Cette lettre avait été interceptée par nos avant-postes.

Chasseurs sur sa droite, vers Sensburg, Niko-
laïken et Johannesburg, ne gardant avec lui
que les 1ᵉʳ et 12ᵉ Chasseurs (1).

Ce n'est que le 3 février que Davout peut
envoyer des renseignements au maréchal Berthier, et encore ces renseignements ne reposent-
ils guère que sur des on-dit : c'est un marchand, c'est un maître d'école qui indiquent
vaguement que les Russes sont en force considérable vers Allenstein et Rustenbourg (2).
Cependant, le sous-lieutenant Frochot lui
envoie un rapport plus positif sur les positions
de l'ennemi (3).

Sur l'ordre de l'Empereur, il envoie Friant
vers Wartenburg, lui-même et Morand se

(1) Rapport du maréchal Davout sur les opérations
du 3ᵉ Corps.

(2) Lettre de Davout à Berthier, 3 février, 9 h. du
matin : « Le maître d'école d'Assenberg n'a pu donner
de renseignements. On dit que les Russes sont en force
à Allenstein et Rustenburg ». Davout envoie dans la
même lettre à Berthier les déclarations d'un marchand
qu'il juge comme certaines sur la direction des Russes.

(3) Lettre de Friant à Davout, 3 février. Friant y joint
la reconnaissance faite par M. Frochot, sous-lieutenant,
pendant la nuit du 2 au 3 février, sur la route de Wartenburg.

portent « au grand galop » sur Passenheim ;
et là, il agira « suivant les circonstances » (1).
Quant à Gudin, il attendra de nouveaux
ordres à Ortelsburg.

Le 3 février, au soir, Friant, qui est en
pointe, arrive à Wartenburg et envoie à l'Empereur un rapport un peu plus précis : « On dit
que les forces de l'ennemi sont considérables
et concentrées du côté de Guttstatt et Heilsberg.
Les généraux commandants sont MM. Kaminskoï, de retour à l'armée le 30 du mois dernier
à Alt-Wartenburg, Benigsen, Tolstoï et Barclay. Sur 15.000 hommes passés à Wartenburg, le bailli assure avoir vu environ 9.000
hommes de cavalerie qu'il dit mal montés.
L'ennemi a une artillerie nombreuse ; les
officiers, comme les soldats, paraissent exténués. On attend 20.000 hommes de renforts.
L'ennemi a de grands magasins à Heilsberg,
Liebstadt, Mohrungen. »

C'est alors que, pour en avoir le cœur net,
Marulaz, avec 80 chasseurs, se porte sur
Heilsberg. Laissant son détachement à quel-

(1) Lettre de Davout à Berthier, 4 février.

ques centaines de mètres de la ville, il pénètre
avec deux cavaliers seulement dans Heilsberg.
Les Russes surpris et croyant à l'approche
d'une forte colonne française, s'empressent
de sortir de la ville, laissant le temps à Marulaz de recueillir des renseignements. Revenus
bientôt de leur erreur, ils rentrent précipitam-
ment dans Heilsberg, mais le général français
est déjà loin d'eux et le galop de son cheval
le ramène près de son petit détachement (1).
Quant à nous, si notre admiration est grande
pour l'officier qui exécute une reconnaissance
périlleuse avec sang-froid et vigueur, elle est
sans bornes lorsque cet officier est un général
et que ce général rapporte un renseignement
qu'aucune reconnaissance précédente n'avait
pu recueillir.

Le résultat de cette pointe hardie fut la
marche en avant de tout le 3e Corps. Le 6,
il est à Guttstatt, à une journée de marche
d'Heilsberg. Le 7 au matin, il se remettait en
route, précédé comme toujours de la cavalerie

(1) Rapport du maréchal Davout sur les opérations
du 3e Corps.

légère du général Marulaz, cavalerie bien réduite, il est vrai, car le 2ᵉ Chasseurs avait été dispersé sur la droite, et, des deux autres régiments, beaucoup d'hommes malades étaient restés dans les hôpitaux de l'arrière.

L'ennemi, qui occupait la rive gauche de l'Alle, fut chassé d'Heilsberg. On rétablit sur la rivière les ponts qui avaient été détruits, et la division Friant, avec le général Marulaz, se mit à sa poursuite, vers Eylau et Friedland. Friant l'atteignait à Jegothen, lui faisait 400 prisonniers et lui prenait une pièce de canon. Quant au général Marulaz, écrivait Friant dans son rapport (1), « avec quelques faibles escadrons des 1ᵉʳ et 12ᵉ Chasseurs, il a, secondé par le colonel Excelmans, chargé avec succès l'arrière-garde de la colonne ennemie... J'ai l'honneur d'observer à Votre Altesse que le général Marulaz n'avait que 300 chevaux, même par la réunion de ces deux régiments. »

Le récit de cette affaire, adressé par le gé-

____

(1) Lettre de Friant à Davout, datée de Jegothen, le 7 février, à 8 h. du soir.

néral Marulaz au général Friant (1) est à lire
en entier : « J'ai poussé l'ennemi jusqu'à une
demi-lieue de Schvolinen. Je n'ai pu faire
exécuter qu'une seule charge par le 1er régiment de Chasseurs, après avoir fait placer
le 12e pour le soutenir. Le résultat a été des
plus heureux : on a pris à l'ennemi environ
500 prisonniers et une pièce de canon. L'ennemi a laissé beaucoup des siens sur le champ
de bataille. Nous n'avons à regretter que la
perte de trois hommes et une dizaine de blessés dans mes deux régiments de cavalerie. Le
1er régiment de Chasseurs s'est conduit dans
la charge avec la plus grande bravoure, ses
officiers et soldats méritent les plus grands
éloges : tous ont fait et bien fait leur devoir;
il est à regretter que l'ennemi, par sa prompte
retraite dans la forêt, ne m'ait pas donné
le temps d'exécuter une nouvelle attaque :
une autre fois, nous serons plus heureux.
M. le colonel Excelmans s'est conduit avec
son intrépidité et sa bravoure ordinaire. »

(1) Lettre du général Marulaz au général Friant,
6 février. — Quelques historiens écrivent Schvolinen,
Schvolnen (?)

Tout commentaire affaiblirait ces paroles. Qu'il nous suffise de dire que les derniers mots de ce récit sont inscrits en lettres d'or sur les murs de la salle d'honneur du 1ᵉʳ régiment de Chasseurs : les monuments faits de gloire sont impérissables.

Le lendemain de cette brillante poursuite, se livrait la bataille d'Eylau. C'est encore Marulaz qui informe Davout, le 7 au soir, des positions de l'ennemi (1). Dès lors, l'hésitation n'est plus permise.

Flanqué en avant et sur sa droite de toute sa cavalerie légère, le commandant du 3ᵉ Corps marche sur Eylau. Pendant ce temps, Marulaz, par une série de charges heureuses, contenait les hussards russes et recevait, pour sa noble conduite, des compliments de l'Empereur. Puis, dès qu'il sut que le 4ᵉ Corps avait pris position, il alla rejoindre le 3ᵉ qui recevait l'ordre dans la nuit du 7 au 8 de faire sa jonction avec le 4ᵉ et d'attaquer la gauche ennemie (2).

(1) Lettre de Davout à Berthier, 7 février.
(2) Rapport du maréchal Davout sur les opérations du 3ᵉ Corps.

A Eylau, le corps de Davout formait la droite de l'armée française, ayant son centre à Serpallen. La cavalerie Marulaz (1er et 12e Chasseurs) prolongeait cette ligne, et, pendant toute la bataille, empêcha les Cosaques de tourner la droite française. Notre rôle n'est pas de raconter ici ce sanglant combat où Davout s'est couvert de gloire : il est dans tous les manuels et dans toutes les mémoires :

> « Et, quand au jour d'Eylau tout parle de défaite,
> « Que l'Empereur lui-même ordonne la retraite,
> « A cet ordre suprême il ose résister :
> « Et, ferme comme un roc, bien loin de déserter
> « L'arène, où tout le jour il s'est couvert de gloire,
> « Seul il ose combattre et fixer la victoire. » (1)

Quand, après des efforts inouïs, l'ennemi fut chassé de sa position, l'armée française campa sur l'endroit même de l'action ; le 3e Corps, entre Anklappen et Lampasch, la cavalerie un peu en avant, à Küttschitten. Pendant ce temps, les Russes battaient en retraite sur Königsberg, les Prussiens sur Friedland.

(1) Extrait de « La Chute de Napoléon », poème de Collot (tiré du livre de la marquise de Blocqueville, princesse d'Eckmühl sur son père, « le maréchal Davout »).

Dans cette bataille, le 1er Chasseurs, dont le rôle était de préserver notre droite d'une surprise plutôt que de combattre, ne perdit aucun officier ; mais trois furent blessés (1) et un certain nombre de chevaux restèrent sur le champ de bataille.

Sans perdre de temps, Marulaz poussait, dès le lendemain, des reconnaissances sur Friedland et faisait des prisonniers. L'une d'elles, formée de 40 cavaliers du 1er Chasseurs, rencontrait, le 11 février, 200 hussards prussiens sur les bords de l'Alle, à Schippenbeil ; les Chasseurs tinrent bon et l'ennemi dut se retirer « avec quelques pertes » (2).

Ici se place un fait qui prouve que, depuis le grade le plus bas jusqu'au plus élevé, chacun savait faire son métier et savait bien le faire. Voulant avoir des nouvelles précises de l'ennemi, Davout charge un brigadier du 1er Chasseurs d'enlever la nuit le bourgmestre de Gros-Lindenau, village situé sur la Prégel.

(1) Rapport du maréchal Davout. Nous n'avons pu trouver le nom que d'un seul des officiers blessés, le sous-lieutenant Rambourgt.
(2) Lettre de Davout à Berthier, 11 février.

Le brigadier arrive dans le village à une heure
du matin et donne l'ordre au bourgmestre de
le suivre ; mais celui-ci, sous prétexte de
ranger ses affaires, s'éloigne un instant et
avertit de ce qui se passe les hussards ennemis cantonnés dans le village. Le brigadier
n'eut que le temps de fuir au grand galop,
mais trouva cependant le moyen de ramener
un autre bourgmestre, celui de Grünbaum,
qui donna des renseignements précieux sur le
passage de la Prégel par les troupes russes en
désordre. « Cet intrépide brigadier, mécon-
tent d'un demi-succès, recommença le lendemain son expédition, et, contre toute attente,
ramena au quartier-général le bourgmestre de
Gros-Lindenau qui fit le même rapport que
celui de Grünbaum, tant il est vrai qu'il
suffit de trouver des hommes déterminés pour
faire réussir cette suite d'opérations si impor-
tantes à la guerre et auxquelles, pour servir
d'exemple, on ne saurait donner trop de
publicité » (1).

Bien comprises et bien exécutées, les recon-

(1) Rapport de Davout.

naissances ont les plus heureux résultats :
malheureusement, elles fatiguent beaucoup les
chevaux et éparpillent dans toutes les direc-
tions les forces du chef. Tout ceci ressort
clairement des lettres adressées par Davout à
Berthier, lettres où il réclame sans cesse une
augmentation de cavalerie. « Je répéterai à
Votre Altesse qu'il serait à désirer, pour le
service de S. M., que j'eusse plus de cavalerie
légère. Un parti de 4 à 500 chevaux que je
pousserais sur ma droite et en arrière nous
apporterait des nouvelles et nous éclairerait
sur ce qui se passe au sud de notre ligne » (1).

A ce moment, c'est la seule préoccupation
de Davout ; s'il continue sa marche vers l'est,
ne sera-t-il pas attaqué par le sud ? Cependant,
il faut battre le fer tant qu'il est chaud. Le
major général, qui a la pensée de l'Empereur,
le sait bien et prescrit à Marulaz de se
porter sur Friedland, « à moins d'obstacles
imprévus » (2). A l'instant même où arrive
cet ordre, le général Marulaz reçoit une
dépêche lui apprenant que l'ennemi vient de

(1) Lettre de Davout à Berthier, 13 février.
(2) Lettre du 13 février.

montrer à Friedland un régiment d'infanterie et plusieurs escadrons de cavalerie (1). C'est donc bien la direction de la retraite.

Le lendemain, Marulaz entrait à Friedland ; l'ennemi venait d'évacuer la ville et s'était retiré de l'autre côté de la rivière, « sans brûler le pont » (2); la cavalerie légère recevait l'ordre de rester dans la place et d'en surveiller les abords. Tâche bien difficile avec un ennemi non démoralisé et entreprenant ; en effet, Marulaz n'avait plus qu'une centaine de chevaux ! Dans une situation fournie, à la date du 13 février (3), on lit ce qui suit : « 1er Chasseurs ; — la situation n'a pu être remise, étant à cheval et en marche sur Friedland. » Dans la colonne « Observations » il y est dit : « Son Altesse sait qu'il n'existe à vrai dire que les cadres de ce régiment ».

(1) Même lettre.

(2) Lettre de Davout à Berthier, 13 février. « L'ennemi avait au moins 600 chevaux, 1 bataillon d'infanterie et 2 pièces de canon ».

(3) État sommaire des officiers, sous-officiers et soldats présents sous les armes et prêts à combattre à l'époque du 13 février, par l'adjudant-commandant Hervo, s.-chef d'E. M. du 3e Corps.

La bataille d'Eylau avait été si meurtrière que l'Empereur résolut de donner un repos de plusieurs semaines à ses troupes fatiguées. C'était encore, comme un mois plus tôt, sur la Vistule qu'on allait établir de nouveaux quartiers d'hiver. Cette marche en retraite se fit, somme toute, sans grande difficulté, sauf au point de vue des fourrages qui manquaient absolument. Le 19, à Bartenstein, le général Marulaz, attaqué par des escadrons de hussards prussiens, les chargeait avec succès, et, après leur avoir pris 8 hommes et 8 chevaux, continuait sa retraite (1).

Le 22 février, tout le 3ᵉ Corps était cantonné à Hohenstein et aux environs. Quant à Marulaz, on l'envoyait à Villenberg, sur la droite ; mais il ne devait pas y rester long-temps, car, dans la nuit du 27 au 28, il se repliait sur Osterode où était l'Empeur, et tombait malade, par suite de fatigues (2). Pendant cette période de repos relatif, les 1ᵉʳ, 2ᵉ et 12ᵉ Chasseurs font provisoirement partie de la division Gudin.

(1) Rapport du maréchal Davout.
(2) *Id.*

Comme devant Varsovie, le 1ᵉʳ Chasseurs va veiller à la sécurité du 3ᵉ Corps : comme devant Varsovie, il s'acquittera à merveille de sa tâche. Ainsi, pour ne citer qu'un exemple entre cent, nous le voyons, le 12 mars, seconder le Grand-Duc de Berg, à Wartenburg, et mettre en fuite un parti de Cosaques (1). D'ailleurs, qu'y a-t-il d'étonnant à cela ? Davout le savait bien : « Comme les Chasseurs sont habitués à marcher avec esprit, écrivait-t-il à Berthier, j'espère qu'ils pourront se tirer d'affaire » (2).

Il est vrai d'ajouter qu'ils étaient conduits par des officiers de mérite, comme ce Deschamps, par exemple, major au 1ᵉʳ Chasseurs, commandant par intérim le 12ᵉ, qui était à la fois — chose rare — un administrateur excellent et un entraîneur de troupes. C'était lui qui avait été envoyé par Davout, peu de jours après le départ de Posen, sur les frontières de Silésie et de Galicie, au fort de Gzentochau. Défendue par 500 Prussiens,

(1) Rapport du maréchal Davout.
(2) Lettre de Davout à Berthier, 25 février.

cette place avait jadis soutenu avec succès un siège contre Charles XII. Deschamps, avec 100 Chasseurs du 12ᵉ régiment, arrive pendant la nuit devant le fort. Il fait mettre pied à terre à ses cavaliers, leur fait prendre des plumets et des épaulettes de grenadiers et somme le gouverneur de se rendre. Celui-ci, croyant avoir affaire à une forte colonne d'infanterie, se hâte de capituler (1).

Il excellait dans l'art de la reconnaissance. Le 6 mars, il écrivait à Davout : « J'ai envoyé une reconnaissance, le 4, dans la nuit... Depuis cette époque, j'ai acquis la certitude que l'ennemi était en force à Villenberg. J'avais envoyé, également le 4, dans la nuit, une reconnaissance sur Thorzellen, afin de communiquer avec le 5ᵉ Corps. L'ennemi ayant lancé de fortes patrouilles en deça de la rivière contre Villenberg, Thorzellen et Janova (?) a surpris la reconnaissance que j'avais envoyée à Thorzellen, puisqu'elle n'est pas rentrée à Nappiwiden. Hier, 100 Cosaques sont venus jusqu'à une lieue de Niedemburg, sur la route

(1) Rapport de Davout.

de Janova : ils ont pris 4 ou 5 Hussards du 5ᵉ régiment qu'ils ont trouvés dans un village à une lieue et demie de la ville. J'avais pris des mesures pour bien les recevoir, mais ils n'ont pas donné dans le piège et ont rétrogradé ! » Et Deschamps terminait son rapport en annonçant l'occupation par l'ennemi de Villenberg, Ortelsburg et Passenheim (1).

Avec de tels officiers, le gros de l'armée pouvait dormir tranquille. Il était sûr de ne pas être surpris. Ce ne sont pas, comme à Saint-Privat, des aumôniers restés en arrière des troupes pour soigner les blessés qui informent l'Empereur des mouvements des colonnes ennemies (2) ; ce sont, ou bien des officiers d'État-Major (3), ou bien de simples

---

(1) Lettre de Deschamps à Davout, 6 mars.

(2) Allusion à la journée du 18 août 1870. L'aumônier du 6ᵉ Corps, resté en arrière pour donner aux malades les soins nécessaires, rejoignit son corps d'armée quelques heures avant la bataille. Ce fut lui qui annonça l'approche de l'armée allemande et qui indiqua la direction qu'elle suivait.

(3) Voir à ce sujet le livre du lieutenant-colonel de Philip : « Étude sur le service d'État-Major pendant les guerres du 1ᵉʳ Empire ».

lieutenants, ou bien de modestes brigadiers ; mais, qui leur a donné cette initiative, cette audace, ce courage ? L'éducation militaire.

Ces sorties continuelles faisaient plus de mal à l'ennemi qu'une bataille rangée. Aussi, voyons-nous peu à peu les Russes évacuer tout le pays jusqu'au-delà d'Eylau. Dès le 10 mars, une reconnaissance du 1ᵉʳ Chasseurs et du 30ᵉ d'Infanterie sur Passenheim revient à Allenstein, sans avoir rencontré d'ennemis (1) : ainsi, Passenheim est évacué. Il est vrai d'ajouter qu'il y a « des partis de Cosaques répandus dans la campagne », mais ceux-ci se retirent peu à peu (2). Cependant, nous les voyons, le 8 mars, prendre trois hommes et trois chevaux à un détachement du 1ᵉʳ Chasseurs envoyé sur Seeburg et Alt-Vartenburg (3) ; mais, en somme, ce sont des pertes bien minimes.

A cette date, les 1ᵉʳ et 12ᵉ Chasseurs sont mis à la disposition du général Morand. Mars et avril vont être employés à reconnaître les deux rives de l'Alle et particulièrement les en-

(1) Lettre de Morand à l'Empereur, 10 mars.
(2 et 3) Lettre de Morand à l'Empereur, 8 mars.

virons d'Heilsberg. Chaque jour, ce sont des escarmouches, la plupart du temps sans importance. Les nombreuses lettres que Morand adresse à Davout ne sont que le récit de ces promenades militaires ; dès qu'un homme est tué ou blessé, Morand signale le fait, et le cas est rare. Parfois cependant, comme on est obligé d'aller au loin chercher du fourrage, on tombe dans une embuscade et on perd quelques hommes (1). Et encore, se félicite-t-on quand on peut rapporter de quoi nourrir les chevaux. Le colonel Excelmans écrit, le 17 mars, au général Morand que « ses chevaux n'ont mangé la veille que six livres de fourrage et pas d'avoine, et qu'il ne sait comment faire vivre aujourd'hui les chevaux de son régiment » (2-3).

(1) Lettre de Morand à Davout, 21 mars : les fourrageurs de Morand ont été attaqués le 20 au matin par des Cosaques vers les villages de Gr. et Kl. Kleiberge ; « nous avons perdu un homme du 1er Chasseurs ».

(2) La pénurie de fourrages se fit sentir pendant toute la campagne ; Marulaz écrira à Davout, le 7 mai, qu'il est obligé d'envoyer fourrager à 12 et 15 lieues.

(3) Le 31 mars 1807, l'Empereur accordait par un décret 4 aigles de la Légion d'honneur aux officiers et 4 aux sous-officiers et cavaliers du 1er Chasseurs.

Vers le milieu d'avril, comme tout faisait prévoir un mouvement offensif de l'ennemi, l'Empereur résolut de réunir les hommes à pied des différents régiments de cavalerie pour en faire des compagnies provisoires. C'est ainsi que, le 17 avril, 20 hommes à pied du 1er Chasseurs sont réunis à ceux des 2e et 12e. Cette compagnie, commandée par un officier du 12e Chasseurs, deux maréchaux-des-logis et un brigadier du 1er et les mêmes sous-officiers du 2e, devait être dirigée sur Thorn, pour continuer de là sa marche sur Breslau (1).

Enfin, Berthier, voyant l'effectif restreint du 1er Chasseurs, décidait de le faire relever par le 23e. Ce dernier régiment, qui était alors à Dantzig, ne reçut pas l'ordre assez tôt pour pouvoir relever le 1er Chasseurs. Celui-ci, devant la reprise des hostilités, allait continuer sa marche glorieuse à travers la Pologne du Nord jusqu'au delà de Königsberg (2).

Le 13 mai, en effet, le général Morand informait Davout que, sur la droite d'Allens-

(1) Ordre donné par Berthier à Davout, 16 avril.
(2) Même ordre.

tein, avaient paru 4 bataillons, 8 pièces de canon et 2000 cavaliers Hussards et Cosaques. Cette colonne, après un engagement assez sérieux, évacuait la place (1).

C'est alors que, pour récompenser Excelmans de ses brillants services, l'Empereur le nommait général de brigade. Le colonel Baron Méda, son successeur, était né en 1770 à Paris. Après avoir servi dans l'infanterie, puis dans la gendarmerie, il devint sous-lieutenant au 5e Chasseurs, et capitaine au 12e. Nous le retrouvons en l'an VIII chef d'escadrons à l'État-Major de l'Armée du Rhin, et, en l'an X, il était affecté avec le même grade au 7e Hussards. Il recueillait une lourde succession, mais il fut constamment à la hauteur de sa tâche et ajouta une page de gloire à l'historique du 1er Chasseurs. Nous ne pouvons, à ce sujet, nous empêcher de reproduire ici une anecdote dictée en 1859 à la princesse d'Eckmühl par le général de Trobriand, ancien aide-de-camp de Davout :

« Il était si juste et il avait tant d'esprit,

(1) Lettre de Davout à Berthier, 13 mai.

mon maréchal ! Ainsi, pendant la guerre de 1807, le colonel du 1er Chasseurs, le brillant Méda, après une affaire magnifique où il avait sauvé l'armée française d'un mauvais pas par son courage et sa présence d'esprit, s'avise, le lendemain même, de lever une contribution considérable sur la princesse de Steyer. M. le Maréchal l'apprend et entre dans une colère... mais là dans une de ces plus belles colères, car l'exemple pouvait être dangereux. Cependant, comment punir un homme d'une telle valeur ?... Il réunit pour le rapport tout le corps d'officiers, et, en entendant le récit de cette concussion, il s'écria de sa plus grosse voix : Si j'avais deux Méda, j'en ferais pendre un pour l'exemple ! Mandé à la barre, le colonel nia tout avec aplomb ; son major Tavernier se dévoua pour lui et fut condamné à deux ans de citadelle ; mais, après quelques mois, M. le Maréchal, qui le savait innocent, l'en fit sortir avec la croix et un grade » (1).

Le colonel du 1er Chasseurs justifia par la

(1) « *Le Maréchal Davout* », par la marquise de Blocqueville.

suite l'opinion que Davout avait de lui. Ses
deux successeurs, les colonels baron Hubert et
baron Simoneau, conquirent l'un et l'autre
tous leurs grades, depuis celui de cavalier,
dans le régiment qu'ils commandèrent plus
tard. Avec des maîtres comme Excelmans et
Méda, pouvaient-ils ne pas arriver à une
haute et glorieuse situation !

Revenons à la partie technique des opérations. Le 5 juin, l'ennemi est devant Bergfried
et passe l'Alle : Soult a été attaqué, Ney est
menacé. Davout, instruit de ces mouvements,
va se porter dès le lendemain avec le 3e
Corps et sa cavalerie légère sur le flanc des
Russes. Le 9, le colonel du 1er Chasseurs informe le Maréchal que l'ennemi avait encore
la veille au soir à Bergfried deux régiments de
Cosaques, mais qu'ils ont dans la nuit repassé
l'Alle. Quant à lui, il surveille avec soin la
direction d'Allenstein (1). Davout court au
secours de Ney attaqué à Deppen et le sauve
d'un désastre : presque en même temps, l'Empereur livrait la bataille d'Heilsberg.

(1) Lettre du colonel Méda à Davout, 9 juin, 5 h.
soir. (Archives.)

C'est à cette date que se place un épisode, tout à la gloire de celui qui en est l'auteur, épisode que le crayon habile d'un ancien officier du 1er Chasseurs a fait revivre dans un des tableaux qui figurent à juste titre dans la salle d'honneur de ce régiment (1). Davout, voulant s'emparer du curé d'Ionkowo pour avoir des renseignements, chargea de cette mission un brigadier et quelques cavaliers du 1er Chasseurs. Le brigadier, arrivant à Ionkowo, trouva dans le village une nuée de Cosaques, dont vingt chez le curé lui-même. Il ne s'embarrassa pas pour si peu, et, appelant en allemand le curé à la porte de sa maison, l'enleva sur son cheval et l'amena à Davout, sans qu'un seul Cosaque se fût douté de quelque chose. Le brigadier fut décoré de la main même de l'Empereur : il n'y avait pas de plus haute récompense.

Cependant, on pouvait craindre que l'ennemi ne remontât dans la direction du nord, vers Eylau : pour l'en empêcher, Marulaz,

(1) M. le lieutenant des Vallières, aujourd'hui capitaine breveté d'E. M. au 5e Cuirassiers.

précédant le 3ᵉ Corps en marche sur Heilsberg, barrait la route d'Eylau, et, après plusieurs charges heureuses, rejetait définitivement les Russes sur l'Alle.

D'Eylau, le 3ᵉ Corps se portait sur Königsberg. A peine était-il arrivé devant la place qu'il recevait l'ordre de marcher sur Friedland : il y arrivait le 15 pour y apprendre le succès de la veille (1). Dès le lendemain, les 12ᵉ et 2ᵉ Chasseurs étaient lancés sur la route de Tapiau à Königsberg et le 1ᵉʳ sur celle de Tapiau à Labiau. Mais Labiau était déjà évacué par l'ennemi et le 1ᵉʳ Chasseurs n'y rencontra que quelques escadrons de cavalerie du corps de Lestocq qu'il n'eut pas de peine à culbuter (2). Il avait, le premier, franchi la frontière russe comme six mois avant celle de Pologne.

Cependant, la guerre semblait être interminable, la série des victoires illimitée. On multipliait les reconnaissances, toutes rapportaient des renseignements précieux. Le 17, au soir,

(1) Rapport de Davout.
(2) Id.

le maréchal-des-logis Jault, du 1ᵉʳ Chasseurs, adressait le rapport suivant au général Marulaz; nous le citons à cause du style et de l'orthographe : « Mon Général, j'ai l'honeur de vous prevennir que depuis 6 h. du matin jusqu'à 7 h. il a défillée un grand nombre de troupe qui sont cavalerie et infanterie et beaucoup de voitures que je n'ai pu distinguai par à cause du brouillard » (1).

C'est alors que l'armistice et le traité de Tilsitt forcèrent le 1ᵉʳ Chasseurs à interrompre momentanément sa course victorieuse. Le 31, tout le 3ᵉ Corps, y compris la cavalerie Marulaz, se trouvait en arrière de la Passarge : le 1ᵉʳ Chasseurs, fort de 223 hommes et de 286 chevaux (2), était à Tussein (3). Il devait rester cantonné sur le territoire prussien jusqu'à l'évacuation par nos troupes de la Vieille Prusse. En août, les 1ᵉʳ, 2ᵉ et 12ᵉ Chasseurs étaient sur la Vistule aux environs de Wrokla-

(1) Rapport du maréchal-des-logis Jault, daté de Neudorf, 17 juin, adressé au général Marulaz. (Archives.)

(2) Historique du 1ᵉʳ Chasseurs, par le capitaine Desmontiers-Mérinville.

(3) Correspondance de Davout, par Ch. de Mazade.

weck (1) ; en septembre, nous les trouvons sur la Warta, depuis Siéradz jusqu'à Uniéjow (2). Deux mois de repos avaient suffi pour refaire les effectifs : au 16 septembre, le 1er Chasseurs comptait 581 hommes et 572 chevaux (3). A la revue d'inspection du 29 décembre, passée à Gand par le général Lebrun, son effectif sera presque du double, il atteindra 929 hommes (4).

IV

Nous pourrions assurément nous dispenser de conclure, car les faits parlent suffisamment d'eux-mêmes. Qu'on nous permette cependant de ne pas rompre avec l'usage, et de revivre encore quelques instants ces mois de victoires où le 1er régiment de Chasseurs fut pour l'Empereur ce qu'était la 10e Légion pour César (5).

(1-2) Correspondance de Davout, par Ch. de Mazade.

(3) Historique du 1er Chasseurs, par le capitaine Desmontiers-Mérinville.

(4) Archives de la Guerre.

(5) Suivant le mot de Davout, le 3e Corps fut pour l'Empereur ce qu'était la 10e Légion pour César.

Parti de Posen au commencement de décembre 1806, il court à franc étrier jusqu'à
Varsovie, ne laissant même pas le temps à
l'ennemi stupéfait de regarder derrière lui : à
Pultusk et à Golymin, il frappe comme la foudre.

Par un service de reconnaissances habilement organisé, il protège le gros de l'armée
contre les attaques continuelles des Cosaques.
Puis, par une marche rapide et audacieuse, il
facilite l'entrée du 3ᵉ Corps à Heilsberg, et,
placé à l'extrême droite de l'armée, assiste à
la bataille d'Eylau.

Vient la période la plus ingrate de la guerre
et la plus fatigante pour le régiment. Bien
que les maladies et les multiples reconnaissances envoyées de toutes parts aient sin-
gulièrement diminué son effectif, le 1ᵉʳ Chasseurs en impose à l'ennemi pendant plus de
trois mois, et c'est avec des hurrahs de joie
qu'il apprend que l'armée a levé ses quartiers
d'hiver. On va donc enfin pouvoir se battre,
et pourquoi sont-ils là, ces géants de l'Empire,
qui n'aiment que plaies et bosses (1), si

(1) Allusion à la parole de Montbrun, auquel on ve-

ce n'est pour augmenter la gloire de leur patrie !

Cela nous rappelle un joli mot du général de Trobriand. La scène se passait à Paris, en 1815. Le général Thielmann, officier saxon qui, en 1807, faisait partie de l'état-major de Davout, puis, au moment de nos revers de 1813, nous avait trahis, disait à Trobriand : « N'oubliez pas que nous, Allemands, nous nous battons pour l'honneur, tandis que vous autres, Français, vous vous battez pour de l'argent ». L'aide de camp de Davout, piqué au vif, reprit sur un ton plutôt aigre : « C'est possible, général ! chacun se bat pour ce qui lui manque » (1).

Le 1er Chasseurs, envoyé sur Königsberg, ne peut arriver assez tôt à Friedland : la victoire est déjà gagnée. Mais qu'à cela ne tienne !

nait apprendre l'armistice de Znaïm : « Eh ! qu'est-ce que cela me f.., à moi, qui n'aime que plaies et bosses ! »

(1) A la bataille de Bergen, se passa un fait analogue. Le général Hermann tomba entre les mains d'un grenadier français et lui offrit sa bourse pour qu'il le laissât s'échapper : « Je ne me bats pas pour de l'argent, mais pour la gloire, — répondit le grenadier ; — marchons ! »

Il franchit la Prégel, le Niémen, culbute et poursuit trois escadrons de hussards « sans leur donner le temps de respirer » (1). Relevé à ce moment par les 2ᵉ et 12ᵉ Chasseurs, il revient sur Tilsitt où il arrive le 28 juin, apprenant l'armistice.

Pendant cette campagne, le régiment avait perdu peu de monde. Les engagements les plus meurtriers avaient été ceux de Lovicz, de Szumowo, d'Heilsberg et de Labiau. Dans ce dernier, nous eûmes 1 officier et 13 sous-officiers ou chasseurs blessés et 23 chevaux tués, mais il est juste d'ajouter que nous prenions plus de 50 hussards prussiens et 1.000 fantassins (2).

On peut voir par ce court exposé que les grandes batailles sont inutiles pour immortaliser une troupe. Il suffit qu'elle remplisse sa mission avec intelligence, pour avoir droit à l'admiration de tous. Mais il faut avant tout que la troupe soit bien conduite, qu'elle ait confiance

---

(1) Rapport de Davout.

(2) Malgré ce haut fait d'armes et les nombreuses demandes de Davout à l'Empereur, le général Marulaz n'obtint aucun avancement.

en son chef et que son éducation militaire soit complète.

Le chef d'abord : il est le centre, le pivot, il est l'âme de ses hommes. Il doit unir à une bravoure farouche un bon sens naturel et une forte instruction. Et, sur ce dernier point, nous avons le regret d'être en désaccord avec certaines gens qui croient que le courage est tout. En fait d'exemples, reportons-nous à nos maîtres, et aux leurs. Sans aller bien loin prenons Davout, le chef direct du 1er Chasseurs, celui qui électrisait ses hommes en leur disant, le matin d'Eylau : « Les braves mourront ici, les lâches iront mourir en Sibérie ». Jeune officier sous la Révolution, c'était déjà un travailleur fanatique. «Les habitudes studieuses dont témoignent ses cahiers lui avaient fait dans son entourage une réputation de rêveur impropre à la vie pratique. Il y avait notamment dans ce régiment de Royal-Champagne, où il servait comme lieutenant, un certain major, son propre cousin, qui ne pouvant se figurer un officier français sous la forme d'un rat de bibliothèque, écrivait ceci : « Notre petit cousin Louis lit les philosophes et n'entendra jamais rien à son métier (1) ». Nous voudrions savoir si « ce certain major, son propre cousin », vécut assez longtemps pour entendre parler d'Auerstædt, d'Eckmühl, de la retraite de Russie, de la défense de Hambourg.

Loin de nous cependant de ne regarder l'instruction que comme le seul facteur nécessaire pour remporter une victoire. Bien plus, nous ne voyons pas du tout les membres de l'Académie française ou ceux de l'Académie des sciences à la tête de régiments ou de corps d'armée, bien que l'un d'entre eux, descendant du grand Condé, nous ait donné, au siècle dernier, notre plus belle colonie.

Notre tort, à nous Français, c'est d'être souvent trop exclusifs. Revenons aux saines idées de l'Empire : ayons de nombreux officiers d'état-major, mais que ceux-ci ne s'absorbent pas seulement dans un travail de bureau ; qu'ils apprennent, comme les Lemarrois, les Savary, les Rapp, les Bertrand, les Mouton, le maniement des troupes et la vie des camps (2). Le travail n'est pas

(1) *Le Maréchal Davout*, par la Marquise de Blocqueville.
(2) L'Empereur voulait que les officiers d'état-major

inséparable de la bravoure, mais combien de gens croient que la bravoure peut suppléer le travail ! Erreur funeste !

Et, quand avec une forte instruction et un cœur généreux, on a dans l'âme une parcelle de cet enthousiasme qui fait les héros, la victoire n'est qu'un jeu. Nos ancêtres y excellaient : découvrons-nous devant les Chasseurs de 1807, comme en passant devant l'honneur (2) et songeons à ces mots que l'auteur de *Messire Du Guesclin* met dans la bouche

pussent compléter leurs connaissances et acquérir des aptitudes au commandement en servant souvent dans la troupe. Les aides de camp de l'Empereur connaissaient tous sa pensée intime. « Il n'existe plus malheureusement, dans nos armées actuelles, d'officiers généraux attachés à la personne du généralissime ». (Lieutenant-Colonel de Philip, *Étude sur le service d'État-Major sous l'Empire*).

(2) Mot dont se sert Chateaubriand en parlant de Latour-Maubourg. C'était pendant la retraite de 1813 ; Latour-Maubourg avait eu une jambe emportée par un boulet de canon. Voyant son ordonnance pleurer, il lui dit : « De quoi te plains-tu ? tu n'auras plus qu'une botte à cirer ! ». Chateaubriand ajoute : « J'ôte mon chapeau devant lui, comme en passant devant l'honneur. » (Mémoires d'Outre-Tombe.)

du Dauphin Charles, parlant des morts de
Cocherel :

Morts glorieux, vos noms sont inscrits dans l'Histoire,
Morts inconnus, la France est votre nom de gloire ! (1).

(1) *Messire Du Guesclin,* par P. Déroulède.

CHATEAUDUN

IMPRIMERIE DE LA SOCIÉTÉ TYPOGRAPHIQUE

www.ingramcontent.com/pod-product-compliance
Lightning Source LLC
LaVergne TN
LVHW021808170726
843503LV00007B/3102